ANALIZA KSIĄŻKI

AF126388

Świat wczorajszy

• • • • • • • • • • • • • • • • •

Stefan Zweig

ANALIZA KSIĄŻKI

Napisany przez Natalia Torres Behar
Przetłumaczony przez Kâmil Kowalski

Świat wczorajszy

STEFAN ZWEIG

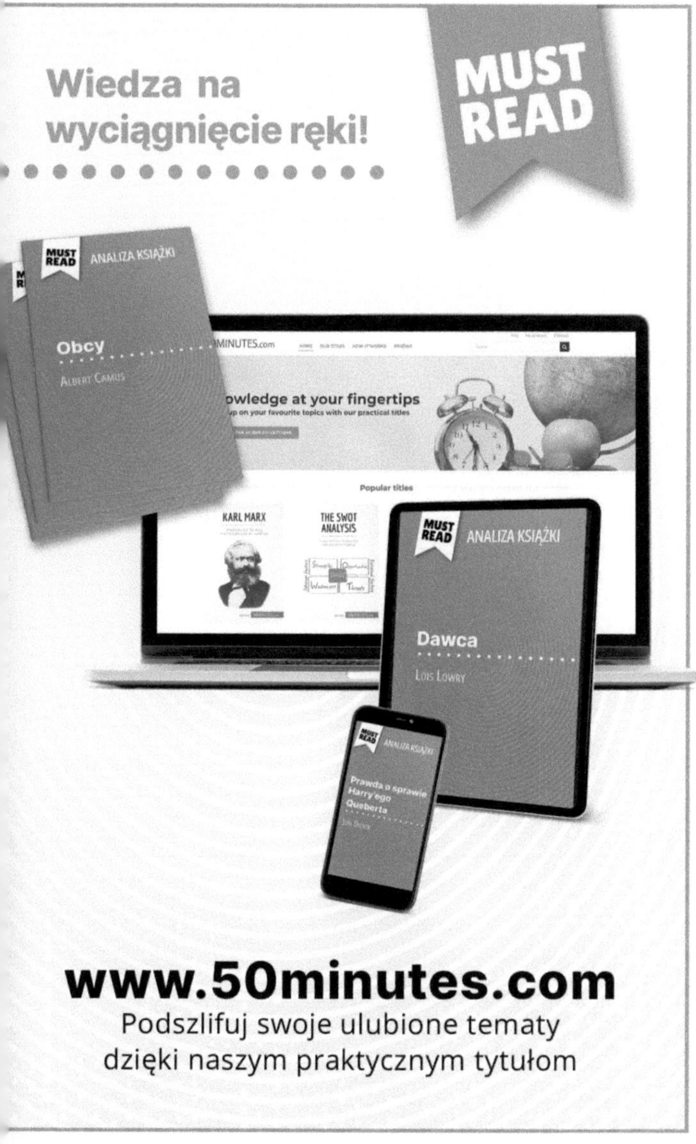
Wiedza na wyciągnięcie ręki!
MUST READ
MUST READ
ANALIZA KSIĄŻKI
Obcy
Albert Camus
MINUTES.com
owledge at your fingertips
up on your favourite topics with our practical titles
Popular titles
KARL MARX
THE SWOT ANALYSIS
MUST READ
ANALIZA KSIĄŻKI
Dawca
Lois Lowry
MUST READ
ANALIZA KSIĄŻKI
Prawda o sprawie Harry'ego Queberta
www.50minutes.com
Podszlifuj swoje ulubione tematy
dzięki naszym praktycznym tytułom

STEFAN ZWEIG

AUSTRIACKI PISARZ

- **Urodził się w Wiedniu (Austro-Węgry, obecna Austria) w 1881 roku.**

- **Zmarł w Petrópolis (koło Rio de Janeiro, Brazylia) w 1942 roku.**

- **Godne uwagi prace:**

  - *Jeremiasz* (1917), sztuka

  - *Marie Antoinette: The Portrait of an Average Woman* (1932), biografia

  - *Nowela szachowa* (1941), nowela

Stefan Zweig był eseistą, biografem, powieściopisarzem, poetą, tłumaczem, kolekcjonerem rękopisów, a przede wszystkim zdecydowanym zwolennikiem jedności europejskiej. Urodził się w arystokratycznej rodzinie żydowskiej w Wiedniu i dorastał w uprzywilejowanym środowisku, a następnie uzyskał doktorat z filozofii na Uniwersytecie Wiedeńskim. Już od najmłodszych lat interesował się literaturą, zwłaszcza poezją i teatrem. W Wiedniu, mieście słynącym z uznania dla sztuki, zdobył uznanie za swój pierwszy zbiór poezji *Srebrne struny, który opublikował w wieku* zaledwie 19 lat.

Zweig dorastał w komfortowych warunkach, otoczony przyjaciółmi i rodziną, którzy go kochali i podziwiali, ale kiedy był na uniwersytecie, zdecydował, że chce zostawić to znajome środowisko za sobą i zobaczyć świat. Spędził czas w Paryżu, gdzie w jego kręgu towarzyskim znalazło się wielu pisarzy z bohemy tego miasta, w Berlinie, gdzie ocierał się o ludzi z każdej klasy społecznej, oraz w Nowym Jorku, gdzie zrozumiał, że Ameryka jest na najlepszej drodze do stania się światową potęgą. Po wielu podróżach po Europie przekonał się o potrzebie stworzenia europejskiej tożsamości, która przekraczałaby granice państw.

Następnie powrócił do Wiednia, ale wkrótce został zmuszony do ponownej przeprowadzki z powodu wybuchu I wojny światowej (1914-1918) i upadku Cesarstwa Austro-Węgierskiego. Zdecydował się na Zurych, gdyż Szwajcaria była neutralnym mocarstwem, co oznaczało, że nadal można było żyć obok obywateli wrogich państw i swobodniej pisać przeciwko wojnie. Po zakończeniu wojny wrócił do Austrii i zamieszkał w swoim wiejskim domu w Salzburgu. Tu spędził okres między 1924 a 1933 rokiem, kiedy był najbardziej zrelaksowany, produktywny i odnosił sukcesy. Ten okres spokoju zakończył się jednak wraz z dojściem do władzy Adolfa Hitlera (kanclerza Niemiec, 1889-1945), którego prześladowania Żydów zmusiły Zweiga do ponownego opuszczenia kraju; tym razem już nie powrócił. Początkowo udał się do Londynu po tym, jak Niemcy zaanektowały Austrię i najechały Polskę, wywołując wybuch II wojny światowej (1939-1945), a następnie przeniósł się do Brazylii, aby uciec od konfliktu, który ogarniał Europę. Tam popełnił samobójstwo w 1942 roku, w wieku 60 lat.

👁 CZY WIESZ, ŻE...?

Zweig był jednym z najpopularniejszych pisarzy europejskich swojego pokolenia: jego sława w latach 20. i 30. była porównywalna ze sławą Zygmunta Freuda (austriacki psychoanalityk, 1856-1939), Tomasza Manna (niemiecki pisarz, 1875-1955), George'a Bernarda Shawa (irlandzki dramaturg i krytyk, 1856-1950) i Alberta Einsteina (niemiecko-amerykański fizyk, 1879-1955). Ponieważ jednak był Żydem, zjadliwie antysemicka partia nazistowska paliła i zakazywała jego książek, a po jego śmierci w 1942 r. stopniowo popadł we względne zapomnienie. Dziś jest znany głównie w kręgach akademickich, ale pomimo sławy, jaką cieszył się za życia i jego ogromnego znaczenia historycznego, większość społeczeństwa nie zna jego prac.

ŚWIAT WCZORAJSZY

KONIEC PEWNEJ EPOKI W EUROPIE

- **Gatunek:** autobiografia, relacja historyczna, *Künstlerroman*
- **Wydanie referencyjne:** Zweig, S. (1964) *The World of Yesterday*. Lincoln, Nebraska: University of Nebraska Press.
- **Pierwsze wydanie:** 1942
- **Tematy:** przeszłość a teraźniejszość, rozum, wiara w przyszłość, judaizm, sztuka

Świat wczorajszy to autobiografia Stefana Zweiga, która ukazała się krótko po jego śmierci w 1942 roku. Stanowi dogłębny portret Europy końca XIX i początku XX wieku, obejmujący szczęśliwe dzieciństwo i lata młodzieńcze autora w Wiedniu, który w tym czasie był tętniącym życiem ośrodkiem kulturalnym, gdzie młodzi ludzie mieli absolutną wiarę w postęp i człowieczeństwo. Ludzie byli zdrowi, szczęśliwsi i bardziej kreatywni niż kiedykolwiek wcześniej, postęp naukowy rewolucjonizował ich życie i rozumienie otaczającego ich świata, a Europa przeżywała bezprecedensowy okres pokoju. Jednak na horyzoncie pojawiła się wojna, a Zweig był na uboczu, by być jej świadkiem.

Świat wczorajszy to relacja austriackiego Żyda, który jest naocznym świadkiem zmian, jakie zaszły w Europie w wyniku dwóch wojen światowych. Opisuje on okrucieństwa i przemoc, które zniszczyły jego ojczysty kraj, który z wielkiego imperium stał się małym narodem, zaskoczenie i przerażenie, które ogarnęło kraj po wybuchu wojny, ale także rosnący entuzjazm ludzi dla konfliktu oraz wzrost nacjonalizmu i nienawiści.

Powieść śledzi stopniową utratę wiary i nadziei przez Europę i bada, jak wybuchła druga wojna światowa w czasie, gdy wszyscy myśleli, że najgorsze już minęło, że można żyć dalej i że nigdy nie będzie kolejnego tak śmiertelnego konfliktu jak pierwsza wojna światowa. Opowiada nie tylko o szczęśliwszej, piękniejszej i pełnej nadziei przeszłości, ale także o utopii, która obróciła się w pył.

PODSUMOWANIE

SZCZĘŚLIWE DZIECIŃSTWO

Stefan Zweig był zwykłym austriackim żydowskim chłopcem. Społeczeństwo, w którym dorastał, ponad wszystko ceniło sobie bezpieczeństwo i uważało, że najlepszym sposobem na jego utrzymanie jest zachowanie wartości i tradycji Imperium, które wpajano dzieciom w szkole. Jak wielu Austriaków, a w szczególności wiedeńczyków, Zweig dorastał chodząc do teatru, odwiedzając kawiarnie i delektując się dobrym jedzeniem:

> "Smakosze w sprawach kulinarnych, zajęci dobrym winem, wytrawnym świeżym piwem, wystawnymi ciastami i tortami, w tym mieście ludzie byli również wymagający w odniesieniu do bardziej subtelnych rozkoszy. Muzykowanie, taniec, teatr, rozmowy, właściwe i kulturalne zachowanie, były tu uprawiane jako sztuki szczególne." (s. 14)

Na początku XX wieku obcokrajowcy zjeżdżali do Wiednia, który był miastem kosmopolitycznym, postrzeganym jako kulturalna stolica świata. Według Zweiga wiedeńczycy czcili sztukę, a czytając gazetę, nie zwracali uwagi na rubryki dotyczące polityki czy ekonomii, ale od razu sprawdzali, co danego wieczoru grają w teatrze. Dlatego, gdy Zweig wydał swój pierwszy zbiór wierszy i zaczął pisać do najbardziej ekskluzywnego przeglądu literackiego tamtych czasów, dzięki szansie, jaką dał mu redaktor Theodor Herzl (austro-węgierski działacz polityczny i pisarz, 1860-1904), który uwierzył w jego talent, zyskał pewną renomę w mieście. Było to powodem do dumy nie tylko dla młodego pisarza, ale także dla jego bliskich, zwłaszcza rodziców, którzy zezwolili mu wówczas na przeprowadzkę do Berlina.

Zweig spędził sześć miesięcy w Berlinie, gdzie zrozumiał zasadniczą różnicę między Niemcami a Austriakami (według niego Niemcy są oszczędni aż do skąpstwa i wolą porządek od wolności czy sprawiedliwości) i poznał ludzi z bardzo różnych środowisk społecznych, którzy żyli razem w harmonii. Następnie przeniósł się do Paryża, gdzie przyjął styl życia cyganerii i zaprzyjaźnił się z Rainerem Marią Rilke (austriacko-niemiecki poeta, 1875-1926) oraz innymi poetami, którzy chcieli utrzymać się ze swojej sztuki. W stolicy Francji spotykał znanych pisarzy, uczestniczył w spotkaniach literackich i tłumaczył dzieła wielkich autorów w nadziei, że nauczy się wystarczająco dużo o życiu i literaturze, aby pewnego dnia zostać pełnoprawnym pisarzem.

DOROSŁOŚĆ I WOJNA

Latem 1914 roku Zweig był na wakacjach, postanowił wykorzystać piękną pogodę i spędzić kilka dni w Niemczech, a następnie odwiedzić swojego przyjaciela Emile'a Verhaerena (belgijskiego poetę, 1855-1916) w jego wiejskim domu w Belgii. Jednak pewnego pięknego czerwcowego dnia dotarła do niego wiadomość, że następca austro-węgierskiego tronu, arcyksiążę Franciszek Ferdynand (1863-1914), został zamordowany w Sarajewie przez młodego bośniackiego serbskiego nacjonalistę.

Początkowo większość Austriaków, w tym Zweig, nie przywiązywała do tej wiadomości większej wagi. Franciszek Ferdynand nie był szczególnie lubiany przez poddanych

Cesarstwa, którzy postrzegali go jako zimnego i źle wychowanego. W związku z tym szok wywołany jego zamachem szybko wygasł i na długo zapomniano o tym zdarzeniu. Jednak mimo że wielu ludzi świadomie przymykało oczy na rosnące napięcie w Europie, wrogość na kontynencie rosła, a zamach stanowił doskonały pretekst do przyjęcia bardziej agresywnej taktyki. W pierwszym tygodniu po zamachu doszło do szeregu dyplomatycznych strachów, gróźb i sprzeczek, które szybko ucichły i niemal wszyscy wierzyli, że napięcia zostaną w końcu zażegnane. Jednak złe wieści stawały się coraz częstsze i poważniejsze, a kraje takie jak Belgia stopniowo zaczęły masowo gromadzić swoje wojska przy swoich granicach, ponieważ kraje dysponujące większą siłą militarną, takie jak Niemcy, zaczynały wyglądać jak poważne zagrożenie.

Kiedy rząd austriacki uległ naciskom gazet i społeczności międzynarodowej i wypowiedział wojnę Serbii, Zweig postanowił wrócić do rodzinnego kraju, aby zobaczyć, co się tam dzieje. To, co zastał, wprawiło go w osłupienie: ludzie byli przesadnie entuzjastyczni, atmosfera w Wiedniu przypominała wielki festiwal, młodzi mężczyźni w pośpiechu zaciągali się do wojska, a poeci i artyści w swoich pracach gloryfikowali wojnę. Nikomu nie przyszło do głowy, że mogą nie wygrać wojny, ani że konflikt będzie się tak długo ciągnął.

Zweig nie podzielał entuzjazmu swoich kolegów Austriaków, który uważał za niemądry i lekkomyślny, i spędził kilka pierwszych miesięcy wojny na poszukiwaniu ludzi, którzy podzielali jego przekonania, a także na wykorzystaniu gazet i czasopism, aby spróbować przekonać innych do tego sposobu myślenia. Jego wysiłki okazały się jednak daremne, a konflikt z każdym dniem wydawał się zaostrzać, co położyło kres złudzeniom i entuzjazmowi, jaki ludność początkowo żywiła. Widząc, że nic nie może zrobić, Zweig postanowił przenieść się do Zurychu, ponieważ Szwajcaria postanowiła zachować neutralność w konflikcie. Spędził tam kilka miesięcy, poznając osoby o podobnych poglądach i pisząc na rzecz pacyfizmu, którą to postawę utrzymał do końca życia.

Na wieść o tym, że Austria się poddała i wojna się skończyła, Zweig poczuł się w obowiązku wrócić do pokonanego kraju. Kiedy wsiadł do pociągu do Salzburga, był oszołomiony kontrastem między starymi, zrujnowanymi pociągami austriackimi a szwajcarskimi. Austriaccy konduktorzy, którzy mówili ludziom, gdzie mają usiąść, byli wychudzeni, wyglądali na głodnych, byli ubrani w stare, wytarte mundury i praktycznie kulili się przed swoimi pasażerami. Pociągi zostały pozbawione pasów, które służyły do podnoszenia i opuszczania okiennic, oraz obicia siedzeń, ponieważ skóra, z której były wykonane, była bardzo cennym materiałem w czasie wojny. Zimne jesienne powietrze wdzierało się do wagonów przez wybite okna, choć miało to również swoje zalety, gdyż dym i sadza pomagały zamaskować smród śmierci i chorób, który przenikał pociągi, używane do transportu ofiar wojny. Węgla było mało, aby uruchomić silniki, co oznaczało, że pociągi ciągle się zatrzymywały i nie mogły nawet podjechać pod małe wzniesienia.

To był dopiero początek: po zakończeniu wojny nastąpiły lata trudności i skrajnej nędzy, ponieważ nowo powstała republika była bankrutem, a inflacja osiągnęła niespotykany poziom. Ceny potrafiły gwałtownie wzrosnąć w ciągu jednego dnia, pieniądze traciły na wartości, a na czarnym rynku panował prawdziwy rozkwit.

SPOKÓJ PRZED BURZĄ

Mimo fatalnej sytuacji, w jakiej się znalazła, Austria w końcu się podniosła, podobnie jak reszta Europy. Zweig spędził lata 20. w swoim wiejskim domu w Salzburgu, otoczony przyjaciółmi i wielbicielami. Miasto było teraz wiodącym ośrodkiem kulturalnym, do którego zjeżdżali pisarze, artyści i muzycy. Zweig był zapraszany na wykłady i prelekcje nie tylko w Europie Zachodniej, ale także w USA, Rosji i Ameryce Łacińskiej. Powieści i biografie, które napisał w tym okresie, sprzedały się w Niemczech w milionach egzemplarzy i zostały przetłumaczone na wiele języków. Napisał również operę we współpracy z Richardem Straussem (niemiecki kompozytor, 1864-1949), jednym z najsłynniejszych kompozytorów tego okresu i swego czasu ulubieńcem nazistów.

Jednak mimo tego pozornego spokoju Zweig był świadomy, że w wielu europejskich miastach pojawiły się grupy dobrze wyszkolonych, elegancko ubranych, wyposażonych w najnowszą broń młodych ludzi, którzy brutalnie tłumili marsze robotnicze. Byli to narodowi socjaliści, znani dziś lepiej jako naziści.

Zdawać by się mogło z dnia na dzień, weteran pierwszej wojny światowej Adolf Hitler stał się sławny i zyskał szerokie grono zwolenników. Tysiące Niemców uwielbiały go i dały się porwać jego obietnicom naprawy gospodarki i zniszczenia komunizmu. Chociaż Zweig początkowo nie zwracał uwagi na tego byłego żołnierza i jego witalne przemówienia, wkrótce zdał sobie sprawę, że niektórzy z jego przyjaciół przestali go odwiedzać, a wielu z nich nie chciało być widzianych z nim publicznie.

Pewnego dnia w domu Zweiga pojawiła się policja w celu przeprowadzenia kontroli. Autor, który wyrósł w XIX-wiecznej wierze w wolność, uznał to za obrazę. Następnie udał się na urlop do Anglii, aby odpocząć i uciec od narastającego napięcia w Austrii. Wyjazd ten dał mu również możliwość ponownego nawiązania kontaktu ze swoim przyjacielem Zygmuntem Freudem (austriacki psychoanalityk, 1856-1939), z którym spotykał się wielokrotnie. Sytuacja w Austrii pogorszyła się jednak podczas jego pobytu w Anglii, ponieważ zachowanie Niemiec stawało się coraz bardziej agresywne, a ich sąsiad wydawał się zbyt bezsilny, by się bronić.

W związku z tym Zweig zdecydował, że najbezpieczniej będzie dla niego pozostać w Londynie. Podczas jego pobytu w Londynie Wielka Brytania wypowiedziała wojnę Niemcom i Zweig zdał sobie sprawę, że wkrótce stanie się bezpaństwowcem, ponieważ austriackim Żydom odebrano obywatelstwo. Wyczerpany i zdesperowany przeniósł się wraz z żoną do Nowego Jorku, a następnie do Brazylii, gdzie napisał swoją autobiografię, zanim popełnił samobójstwo, gdyż wierzył, że Hitler wygra wojnę.

 ## CZY WIESZ, ŻE...?

Choć wtedy o tym nie wiedział, Hitler był jednym z sąsiadów Zweiga w czasie, gdy ten mieszkał w Salzburgu. Salzburg położony jest w dolinie w pobliżu granicy austriacko-niemieckiej, a gmina Berchtesgaden – w której znajduje się rezydencja Hitlera Berghof – leży wśród gór po niemieckiej stronie granicy. Cała ta strefa była wczesnym ośrodkiem działalności nazistów, choć Zweig początkowo nie zwracał na nią uwagi.

STUDIUM POSTACI

Biorąc pod uwagę, że powieść jest autobiografią, wszystkie przedstawione w niej postaci są prawdziwymi ludźmi. Ponieważ Zweig był znanym pisarzem, wielu jego przyjaciół i znajomych było również znanymi pisarzami lub członkami elity intelektualnej. Oznacza to, że w książce pojawia się wiele znanych postaci XX wieku.

STEFAN ZWEIG

Autor i bohater powieści był austriackim Żydem. Jego wrażliwa natura i ciekawy umysł były widoczne od najmłodszych lat, a on sam wcześnie zainteresował się literaturą i sztuką ogółem. W trakcie swojej kariery pisarskiej próbował swoich sił w wielu gatunkach, takich jak eseje, wiersze, biografie, sztuki teatralne i powieści. Nie kierował się pieniędzmi ani sławą, a lata swojego życia poświęcił pracy dla podziwianych przez siebie artystów i pisarzy oraz tłumaczeniu ich dzieł.

Był prostym, zawziętym prywatnym człowiekiem i chciał, aby ludzie skupiali się na jego pracy, a nie na życiu osobistym. Z tego powodu miał mieszane uczucia wobec sławy. Chociaż jego pochodzenie rodzinne i późniejsza sława sprawiły, że większość życia spędził w otoczeniu bogactwa i luksusu, nie obce mu było ubóstwo i trudności, zwłaszcza podczas dwóch wojen światowych. Doświadczenia z tych konfliktów uczyniły z niego zagorzałego pacyfistę i mocno wierzył w potencjał ludzkości do wielkości i zdolność do przezwyciężania podziałów spowodowanych przez nacjonalizm.

TEODOR HERZL

Herzl był Żydem w średnim wieku, o szlachetnej posturze i wyglądzie. Miał wysokie, szerokie czoło, zdefiniowane rysy, długą, czarną brodę jak u księdza i melancholijne, intensywnie niebieskie oczy. Był też dostojnym, łaskawym człowiekiem, który poruszał się z nieco bombastycznymi i teatralnymi gestami.

Kiedy Zweig go poznał, nie był jeszcze uznawany za założyciela syjonizmu, jak to miało miejsce w jego późniejszych latach, ale pracował jako redaktor *Neue Freie Presse,* szanowanego pisma literackiego. Niektóre z pierwszych tekstów prozatorskich Zweiga zostały opublikowane w tym piśmie, a Herzl publicznie chwalił młodego pisarza.

EMILE VERHAEREN

Verhaeren miał szerokie czoło, kręcone rdzawobrązowe włosy, pogodną twarz, wystający podbródek i delikatne, ale silne dłonie, które kontrastowały z jego szerokimi ramionami. Miał jasne, życzliwe oczy, był otwarty, entuzjastyczny i przystępny, miał wielką radość życia. Był bardzo pewny siebie, ale nie arogancki, miał zaciętą niezależność ducha i wydawał się całkowicie odporny na pokusy sławy.

Choć dziś odszedł we względny niebyt, na początku XX wieku był słynnym poetą i jednym z twórców symbolizmu. Był również bardzo entuzjastycznie nastawiony do nowoczesności i wszystkich nowych wynalazków, które jej towarzyszyły. Wyraźnie widać to w jego poezji, która w pozytywny sposób przedstawiała najnowsze osiągnięcia ludzkości i wychwalała je.

ZYGMUNT FREUD

Freud był jednym z najbliższych przyjaciół Zweiga. Był przystojnym mężczyzną, o ciemnych oczach i spokojnym, szczerym wyrazie twarzy. Był otwarty i zadziornie inteligentny, co oznaczało, że do swojej pracy podchodził z determinacją i skrupulatnością. Choć był nieco wycofany, był niezmiennie prawy moralnie i zawsze starannie ważył swoje wypowiedzi.

Pasjonowała go prawda i nie miał skrupułów, by sprzeciwiać się konwencjom moralnym, jeśli uważał je za fałszywe. Był skromnym, ale nieustraszonym człowiekiem, który zawsze miał odwagę powiedzieć, co myśli, i posiadał moralny hart ducha, by za wszelką cenę trwać przy swoich przekonaniach. W świetle jego pionierskiej roli jako ojca psychoanalizy, Zweig zawsze uważał go za odpowiedzialnego za prawdziwą duchową rewolucję.

RYSZARD STRAUSS

Według Zweiga Strauss był gruboskórny, miał pyzate, dziecięce policzki i niezwykle okrągłe rysy. Miał żywe, jasnoniebieskie oczy, które wydawały się mieć magnetyczną moc. Był szczery i pewny siebie, potrafił zachować spokój i obiektywizm nawet wtedy, gdy krytykowano jego pracę. Znajdował satysfakcję w pracy dla niej samej i miał surowe, metodyczne, nieelastyczne, pozbawione emocji podejście do pracy, które inni ludzie uważali za niepokojące.

Zweig pracował nad operą ze Straussem, który odmówił usunięcia nazwiska swojego współpracownika z dzieła, pomimo coraz bardziej antysemickiego klimatu politycznego, co przyniosło mu szacunek i uznanie pisarza. Ponieważ Zweig był Żydem, partia nazistowska zakazała wystawiania opery na początku jej istnienia.

RAINER MARIA RILKE

Wygląd Rilkego był w zasadzie nie do poznania; jedynymi wyróżniającymi go cechami fizycznymi były przyciągające uwagę niebieskie oczy. Według Zweiga był wyjątkowo wrażliwy, co oznaczało, że miał nieskazitelny gust, wyraźną wrażliwość estetyczną i uznanie dla schludności. Rzeczywiście, uważał porządek i czystość za absolutną konieczność. Był cichy i tajemniczy, miał skłonność do przemykania pod radarem i unikania sławy i uwagi. Trudno było go poznać i wydawało się, że jest w nim coś ulotnego: oprócz tego, że był niezwykle powściągliwy, nie miał stałego adresu ani pracy, co oznaczało, że inni ludzie mogli natknąć się na niego tylko przypadkiem.

ANALIZA

FORMA

Gatunek

Oryginalny podtytuł powieści, *Wspomnienia pewnego Europejczyka,* daje do zrozumienia, że jest to utwór autobiograficzny, ale jak zobaczymy w tym rozdziale, klasyfikacja ta nie jest tak prosta, jak mogłoby się wydawać.

Autobiografia czy pamiętnik?

Chociaż te dwa terminy są często używane zamiennie, ponieważ oba odnoszą się do narracji w pierwszej osobie, w której autor opowiada o swoich doświadczeniach i pozwala czytelnikowi na wgląd w jego osobowość, różnią się one okresem, który obejmują. Autobiografia stanowi bardziej kompletną relację z całego życia autora, podczas gdy pamiętniki skupiają się bardziej na konkretnym wydarzeniu lub okresie czasu. *Świat wczorajszy* można zakwalifikować jako autobiografię, ponieważ Zweig pisze o całym swoim życiu. Jednak podtytuł powieści i tematyka tekstu, czyli zmiany, jakie zaszły w Europie w wyniku dwóch wojen światowych, sprawiają, że można ją również określić mianem pamiętnika: nadrzędnym celem autora jest omówienie okresu przemian historycznych, których był świadkiem.

W autobiografiach zazwyczaj pojawiają się także wydarzenia z życia prywatnego autora, jego uczucia i emocje, najbliższe relacje i osobiste sekrety. W powieści Zweiga tak jednak nie jest. Wynika to nie tylko z epoki, o której pisał i ścisłego związku jego życia osobistego z szerokim horyzontem historii Europy, ale także z jego stylu pisania. Tekst Zweiga nie ma tonu intymnego czy konfesyjnego, nawet gdy pisze o epizodach ze swojego życia prywatnego; jest raczej opisowy. Stara się jak najwierniej przedstawić życie obyczajowe i kulturalne w Austrii (i w całej Europie) przed, w trakcie i po wojnie, opisuje wybitnych intelektualistów tego okresu i ich wpływ na niego, omawia politykę i zachodzące wówczas zmiany społeczne i gospodarcze.

Jego opisy dzieciństwa, młodości, domu i rodziców są pisane nie po to, by powiedzieć nam, kim był, ale by sportretować konkretny czas i opowiedzieć historię przedwojennego Wiednia – kwitnącego miasta, pełnego teatrów, księgarń, artystów i kawiarni, którego mieszkańcy cenili kulturę ponad wszystko. Ale był też domem dla bogatej, obłudnej arystokracji, która udawała, że gardzi seksem, ale w tajemnicy utrzymywała nielegalne kontakty seksualne, postrzegała kobiety jako gorsze i rygorystycznie egzekwowała granice klasowe. Podobnie w jego relacjach z dorosłego życia nie chodzi tylko o życie osobiste, bliskie przyjaźnie ze znanymi intelektualistami, strach przed zbliżającą się wojną i zmagania na emigracji, ale stara się również opisać, jak wielkim szokiem dla wszystkich była wojna, jak gwałtowne zmiany spowodowała i jak bardzo rozczarowała całe pokolenie.

Rachunek historyczny?

W przedmowie do swojej powieści Zweig pisze:

"Ja sam byłem współczesnym uczestnikiem dwóch największych wojen ludzkości, a nawet przeszedłem przez każdą z nich na innym froncie, jedną na niemieckim, drugą na antyniemieckim. Przed wojną znałem najwyższy stopień i formę wolności jednostki, a później jej najniższy poziom od setek lat; byłem sławiony i pogardzany, wolny i niewolny, bogaty i biedny."
(str. XX)

Jako wiedeński Żyd Zweig był bardziej bezpośrednio dotknięty najtrudniejszymi momentami XX wieku niż większość jego rówieśników, a podczas obu wojen światowych znalazł się z takich czy innych powodów w oku cyklonu. Wybuch I wojny światowej został wywołany przez napięcia między Cesarstwem Austro-Węgierskim, rządzonym od 800 lat przez Habsburgów, a jego separatystycznymi prowincjami, w których mieszkali Czesi, Serbowie i Rumuni. Konflikt zakończył się rozpadem cesarstwa, wygnaniem cesarza i utworzeniem I Republiki Austriackiej. Ten nowy naród został zubożony przez wojnę, a jego stolica nie była już kulturalnym centrum, które Zweig znał jako młody człowiek. Podczas II wojny światowej ekspansjonistyczne cele Hitlera (chciał on zaanektować Austrię i włączyć ją do Wielkiej Rzeszy Niemieckiej) oraz fakt, że Zweig był Żydem, sprawiły, że stał się celem prześladowań i ataków, które zmusiły go do udania się na emigrację do Anglii. Jednak spokój, który tam znalazł, był krótkotrwały, ponieważ po wypowiedzeniu przez Wielką Brytanię wojny Niemcom, w swoim nowym kraju był postrzegany jako wróg.

Autobiografie w naturalny sposób mają znaczący komponent historyczny, ponieważ ich bohaterowie nieuchronnie żyją w określonym kontekście. Nie jest to jednak powód, dla którego powieść Zweiga można by określić jako relację historyczną; jest to relacja historyczna, ponieważ punkt ciężkości tekstu jest historyczny. Zweig był świadomy, że jego sytuacja jest nietypowa i dlatego postanowił skupić się nie na swoim życiu osobistym, ale na momentach, w których wiedział, że jest częścią historii. Celem jego książki wydaje się być nie tylko relacja z jego życia, ale także pozostawienie zapisu ducha epoki dla przyszłych pokoleń.

Szczególnie wyrazistym tego przykładem jest epizod na dworcu kolejowym. Po zakończeniu I wojny światowej Zweig postanowił wrócić pociągiem do Austrii, mimo że wiedział, że kraj ten jest pogrążony w trudnościach, ponieważ uważał, że ma obowiązek lojalności wobec swojego kraju i że jego obowiązkiem jest praca na rzecz jego odbudowy. Kiedy dotarł do granicy między dwoma krajami, musiał przesiąść się do pociągu i to, co zobaczył na stacji, głęboko nim wstrząsnęło i pozostało z nim do końca życia. Wszyscy strażnicy stacji stali uroczyście na peronie, a setki ludzi ubranych na czarno czekało tam. Na stacji zatrzymał się stary pociąg wiozący ostatniego cesarza Habsburga i jego żonę, którzy musieli opuścić Austrię na zawsze. Ludzie w czerni przyszli pożegnać się ze swoim cesarzem i w pewnym sensie z dotychczasowym życiem.

 ## PRAWDZIWOŚĆ RELACJI ZWEIGA

Wielu krytyków komentuje, że choć Zweig chciał przedstawić relację wierną rzeczywistości, jego autobiografia jest raczej nostalgiczną rewizją przeszłości. Wersja Austrii przedstawiona przez Zweiga nie daje czytelnikowi pojęcia o niemożliwych do pogodzenia różnicach pomiędzy różnymi narodami tworzącymi Imperium, o niekompetencji jego starego, zmęczonego cesarza, ani o wysoce dysfunkcyjnym parlamencie, który powszechnie obwiniano za konflikty etniczne i klasowe.

- **Künstlerroman?**

Gatunek *Bildungsroman*, znany również jako powieść o dojrzewaniu, opiera się na fizycznej, moralnej i psychologicznej edukacji i rozwoju bohatera od dzieciństwa do dorosłości. *Künstlerroman* jest podgatunkiem *Bildungsroman i* skupia się na głównym bohaterze, który odkrywa artystyczne powołanie w trakcie narracji. W tego typu powieściach zazwyczaj mamy do czynienia z dzieciństwem bohatera, okresem poszukiwań, w którym rozpoznaje on swoją wrażliwość i skłonności artystyczne (w przypadku *Świata wczorajszego* Zweig odkrywa swoje zamiłowanie do literatury), okresem odkrywania talentu, rozpoczęcia kariery artystycznej i pierwszych sukcesów, wreszcie momentem kulminacyjnym, w którym artysta zdobywa sławę i uznanie, ale przede wszystkim osiąga upragniony szczyt artystycznej doskonałości.

Biorąc pod uwagę, że powieść opowiada o rozwoju twórczym Zweiga i jego drodze do zostania znanym pisarzem, można ją określić jako *Künstlerroman*.

Struktura

Powieść podzielona jest na 16 rozdziałów (poprzedzonych przedmową autora), których tytuły nie tylko stanowią wskazówkę co do ich treści, ale także przywołują zanikającą po I wojnie światowej kulturę humanistyczną. Przykładem mogą być rozdziały zatytułowane "*Eros Matutinus*" ("Poranna miłość"), *"Universitas Vitae"* ("Uniwersytet życia") i "Agonia pokoju", które odzwierciedlają szereg tematów popularnych wśród humanistów. Z reguły tytuły rozdziałów przywołują wyidealizowaną wersję przedwojennej przeszłości, w której szczęście było powszechne, a przyszłość wydawała się jasna.

Chociaż wydarzenia w narracji są generalnie opowiedziane w porządku chronologicznym, począwszy od środowiska, w którym Zweig się urodził i dorastał, aż do nadejścia drugiej wojny światowej i związanej z tym utraty wszelkiej nadziei na pokój i ucieczki do Ameryki Łacińskiej, tekst czasami przeskakuje w czasie do tyłu lub do przodu. Zweig napisał powieść na krótko przed popełnieniem samobójstwa w Brazylii i czasami przenosi się ze swoich wspomnień do obecnej sytuacji lub przeplata wrażenia z przeszłości z obecnymi myślami. Oznacza to, że jego wspomnienia są zabarwione mrocznymi, pesymistycznymi emocjami z czasów, gdy pisał, i charakteryzują się absolutną pewnością co do tego, co się stało. Oznacza to, że tekst jest relacją z duchowej przemiany Europy, którą autor może teraz dostrzec dzięki sile spojrzenia z perspektywy czasu.

Język

Ton autobiografii jest na ogół bezpośredni i w dużej mierze pozbawiony emocji. Język Zweiga jest raczej opisowy, i chociaż powieść opowiada o bardzo trudnych epizodach z jego życia, które musiały wywołać silne emocje, jego celem wydaje się być raczej wyjaśnienie niż poruszenie czytelnika.

Tekst wydaje się być bardziej dokumentalny i historyczny niż konfesyjny i intymny, ponieważ Zweig wydaje się mniej zainteresowany analizą własnego życia i losu niż wiernym przedstawieniem swoich czasów i swojego pokolenia. Opisywane przez niego pokolenie miało niezachwianą wiarę w rozum, odżegnywało się od przemocy i radykalizmu, mocno wierzyło w postęp i człowieczeństwo, i nigdy nie było w stanie pogodzić się z okrucieństwami, jakie ich pobratymcy byli w stanie wyrządzić w imię ideologii. Oznacza to, że wydarzenia historyczne prawdopodobnie uderzyły w nich mocniej niż w jakiekolwiek inne pokolenie wcześniej lub później.

Z tego powodu autobiografia Zweiga wypełniona jest długimi opisami miejsc, tradycji i najważniejszych postaci historycznych, które zaliczał do swoich przyjaciół. W powieści pojawia się wielu poetów, muzyków i artystów, którzy dają czytelnikowi wyobrażenie o ilości genialnych umysłów w Europie w tym czasie i o kwitnącej scenie kulturalnej kontynentu, a także różni politycy, filozofowie i przywódcy, którzy służą do zilustrowania różnych idei, które kształtowały życie w Europie.

TEMATY

Przeszłość a teraźniejszość

Jednym z głównych tematów autobiografii Zweiga i jedną z głównych motywacji do napisania tej książki są zmiany, jakie zaszły w Europie w ciągu niespełna 50 lat. Te społeczne i kulturowe zmiany stały się bardzo wyraźne między pokoleniem Zweiga i pokoleniem, które po nim nastąpiło, a które znalazło się w świecie bezprecedensowych paradoksów. Jak pisze Zweig, Europa nigdy nie była piękniejsza, zamożniejsza i bardziej optymistycznie patrząca w przyszłość niż w latach poprzedzających I wojnę światową.

Pokolenie przedwojenne, poza tym, że było bardzo idealistyczne, ceniło sobie przede wszystkim bezpieczeństwo i stabilność, co powodowało, że trzymało się tradycji. Było konserwatywne i niekiedy obłudne w kwestiach seksualności, która była postrzegana jako tabu ze względu na możliwość zakłócania porządku; cieszyło się jednak większą wolnością osobistą niż pokolenie powojenne. Służba wojskowa i udział w programach społecznych nie były obowiązkowe dla pokolenia Zweiga, tak jak dla następnego pokolenia, a Zweig twierdzi, że ideologie populistyczne zyskały mniejszą siłę przebicia niż w okresie powojennym. Ludzie mogli swobodnie podążać za swoimi intelektualnymi skłonnościami i prowadzić swoje życie prywatne według własnego uznania. Ponadto powszechne zaufanie do ludzkości sprawiło, że był to świat bez paszportów, bardziej kosmopolityczny i otwarty dla wszystkich.

Natomiast młodzi ludzie z pokolenia powojennego byli mniej ufni i nie mieli w co wierzyć. Przedłużający się konflikt pozostawił ich w rozczarowaniu, zniechęceniu i wyczerpaniu. Mieli mniej wolności osobistych, które Zweig zawsze cenił, i nie podzielali wiary poprzedniego pokolenia w wojnę, co oznaczało, że II wojna światowa nie została przyjęta z takim entuzjazmem i optymizmem, jaki charakteryzował powszechną reakcję na wcześniejszy konflikt. To rozczarowanie miało jednak również pozytywną stronę:

"Czy nie było zrozumiałe, że nowe pokolenie straciło wszelkie ślady szacunku? Zwątpiło w rodziców, polityków, nauczycieli; każdy dekret, każdą proklamację czytało z powątpiewaniem. Powojenne pokolenie wyemancypowało się gwałtownym zrywem z ustalonym porządkiem i zbuntowało się przeciwko każdej tradycji, zdecydowane kształtować swój własny los, porzucić miniony i wzbić się w przyszłość." (s. 303)

To rozczarowane nowe pokolenie było zmuszone do odbudowania świata od nowa. W konsekwencji lata międzywojenne były okresem wyzwolenia seksualnego, ponieważ każdy chciał tylko cieszyć się życiem. To poczucie wyzwolenia było szczególnie wyraźne w artystycznej awangardzie, która chciała zniszczyć wszystko, co było przed nią. Poeci odeszli od metrum, muzycy porzucili rytm, a artyści uciekli od dosłownego przedstawienia w kierunku bezprecedensowej wolności. Choć Zweig, jak wielu przedstawicieli jego pokolenia, był zgorszony niektórymi z tych zmian, musiał jednak przyznać, że wiele z nich miało nie tylko wartość estetyczną, ale także odegrało istotną rolę w odświeżeniu pogrążonego w stagnacji środowiska kulturowego i mogło utorować drogę tak potrzebnej odnowie duchowej.

Wiara w rozum i przyszłość

Innym wielkim paradoksem czasów, w których żył Zweig, był stały postęp techniczny i jednoczesny upadek ludzkości. Jego pokolenie ślepo wierzyło w rozum i uważało, że boskie osiągnięcia techniczne i intelektualne są niepodważalnym dowodem wyższości rasy ludzkiej.

To pokolenie idealistów wierzyło, że maszeruje ku najlepszemu z możliwych światów i że za postępem technicznym koniecznie pójdzie postęp moralny. Jednak wojna, którą początkowo przyjęli z entuzjazmem, wkrótce pokazała im, jak bardzo się mylili, ponieważ żołnierze obozowali w okopach, które zdawały się symbolizować powrót do jaskiń prehistorii.

Niezachwiana wiara tego pokolenia w rozum zaślepiła jego członków na wielkie niebezpieczeństwa i zagrożenia, jakie przed nimi stały, i utorowała drogę ludzkiej destrukcji na niespotykaną skalę. Stało się jasne, że rozum niekoniecznie prowadzi do postępu moralnego i że, co gorsza, może mieć dokładnie odwrotny skutek: rosnąca inteligencja i możliwości ludzkości po prostu pozwalały wrogim obozom łatwiej niszczyć się nawzajem.

Judaizm

Chociaż Zweig uważał się za obywatela świata i zdecydowanie odrzucał nacjonalizm we wszystkich jego formach, badał wkład Żydów w społeczeństwo austriackie i, biorąc pod uwagę okoliczności, w jakich żył, zawsze czuł coś w rodzaju patriotyzmu, który łączył go z resztą Żydów na świecie w ich najczarniejszych dniach. Uważał jednak, że diaspora żydowska, składająca się z ludzi, którzy nie mieli własnej ojczyzny, a jednak łączyły ich silne więzi, jest dowodem na to, że można osiągnąć ponadnarodową wolność.

W swojej autobiografii Zweig dostrzega i wychwala rolę, jaką Żydzi odegrali w tworzeniu Wiednia jego młodości. Żydowscy naukowcy, malarze, reżyserzy teatralni, architekci, dziennikarze, pisarze i muzycy wnieśli nieoceniony wkład w życie kulturalne miasta, które otrzymało również znaczne wsparcie ze strony licznej żydowskiej klasy średniej. Grupa ta uczyniła z Austrii wiodący ośrodek artystyczny i kulturalny oraz liberalne, tolerancyjne i kosmopolityczne miasto.

Jak zauważają niektórzy krytycy, cel Zweiga w odniesieniu do Żydów w jego powieści wydaje się być dwojaki: po pierwsze dąży on do podkreślenia ich roli w społeczeństwie austriackim i rozwoju nowoczesnej kultury austriackiej, a także stara się obalić odwieczne uprzedzenia wobec nich. Jak wyjaśnia:

"Powszechnie przyjmuje się, że bogacenie się jest jedynym i typowym celem Żyda. Nic nie może być dalsze od prawdy. Bogactwo jest dla niego jedynie kamieniem milowym, środkiem do prawdziwego celu, i w żadnym sensie nie jest prawdziwym celem. Prawdziwą determinacją Żyda jest wzniesienie się na wyższy poziom kulturowy w świecie intelektualnym." (s. 11)

Zweig próbuje obalić powszechne uprzedzenie, że Żydzi chcą po prostu zarobić jak najwięcej pieniędzy za wszelką cenę, wyjaśniając, że pieniądze są po prostu środkiem do celu, ponieważ pozwolą im osiągnąć duchową wyższość, którą może zapewnić tylko sztuka.

Znaczenie sztuki

Temat sztuki jest wszechobecny w autobiografii Zweiga. Sztuka, będąca głównym przedmiotem zainteresowania autora i szerzej – wiedeńczyków, służyła członkom jego pokolenia do odwrócenia uwagi od polityki. On i jego rówieśnicy byli tak pochłonięci sztuką, że nie zauważali tego, co działo się w otaczającym ich świecie, dlatego wybuch wojny całkowicie ich zaskoczył.

Sztuka była jednak także jedynym źródłem ocalenia Austrii po wojnie i jedyną rzeczą, która podtrzymywała jej obywateli w najczarniejszych dniach: "Nigdy wcześniej nie byliśmy w Austrii tak oddani sztuce, jak w tych latach chaosu, ponieważ upadek pieniądza sprawił, że poczuliśmy, iż nic nie jest trwałe, oprócz tego, co wieczne w nas samych" (s. 299). Kiedy ich kraj pogrążony był w inflacji i ubóstwie, Austriacy wciąż znajdowali sposób, aby pójść do teatru lub opery, ponieważ wiedzieli, że w tym okresie fizycznego i psychicznego zniszczenia jest to jedyny sposób, w jaki mogą odżywiać się swoim duchem i zachować jakieś pozory nadziei.

Pisanie odgrywało podwójną rolę w życiu Zweiga: było jego jedyną ostoją i sposobem na zachowanie wewnętrznej indywidualnej wolności, kiedy praktycznie wszyscy wokół niego byli ogarnięci entuzjazmem wojny i rosnącym nacjonalizmem, stało się również dla niego rodzajem etycznej odpowiedzialności. W czasie obu wojen światowych nie przestał pisać i nadal opowiadał się za pacyfizmem i zjednoczoną Europą, w przekonaniu, że ważne jest podjęcie intelektualnego zobowiązania i trwanie przy nim bez względu na wszystko.

DALSZA REFLEKSJA

KILKA PYTAŃ DO PRZEMYŚLENIA...

* Czy uważasz, że Zweig jest wiarygodnym narratorem?

* Pod jakimi względami i w jakim stopniu można powiedzieć, że *Świat wczorajszy* jest wiernym przedstawieniem Europy z początku XX wieku?

* Zastanów się, co wiesz o dwóch wojnach światowych. W jakich aspektach są one podobne i różne od opisów tych konfliktów u Zweiga?

* Jak Zweig opisuje Niemców? Czy zgadzasz się z jego opisami? Wyjaśnij swoją odpowiedź.

* Czy empatyzujesz ze Zweigiem? Wyjaśnij swoją odpowiedź.

* Jak myślisz, co Zweig zrobiłby z dzisiejszym światem? Czy Twoim zdaniem uznałby nas za równie naiwnych jak członkowie jego pokolenia?

* Jaka jest rola sztuki w najciemniejszych okresach historii? Wykorzystaj idee Zweiga, aby uzasadnić swoją odpowiedź.

* Jak myślisz, dlaczego Zweig skupia się w powieści bardziej na swoim życiu publicznym niż prywatnym?

DALSZE CZYTANIE

WYDANIE REFERENCYJNE

Zweig, S. (1964) *The World of Yesterday*. Lincoln, Nebraska: University of Nebraska Press.

BADANIA REFERENCYJNE

Gelber, M.H. (2007) Stefan Zweig as an (Austrian) Eulogist. In: M.H. Gelber, ed. *Stefan Zweig Reconsidered: New Perspectives on His Literary and Biographical Writings*. Tübingen: De Gruyter.

Wistrich, R. (2007) Stefan Zweig and "The world of yesterday". In: M.H. Gelber, ed. *Stefan Zweig Reconsidered: New Perspectives on His Literary and Biographical Writings*. Tübingen: De Gruyter.

ZALECANA LEKTURA

Prater, D. (2003) *European of Yesterday: A Biography of Stefan Zweig*. New York: Holmes & Meier.

Stanisławski, M. (2004) *Autobiographical Jews: Essays in Jewish Self-Fashioning*. Seattle: University of Washington Press.

Chcemy usłyszeć od Ciebie, co się dzieje!
Zostaw komentarz na temat swojej internetowej biblioteki
i podziel się swoimi ulubionymi książkami w mediach społecznościowych

Dlaczego warto wybrać Must Read?

Dowiedz się wszystkiego, co musisz wiedzieć o książce dzięki naszym zwięzłym i dogłębnym streszczeniom i analizom!

Odkryj to, co najlepsze w literaturze w zupełnie nowym świetle!

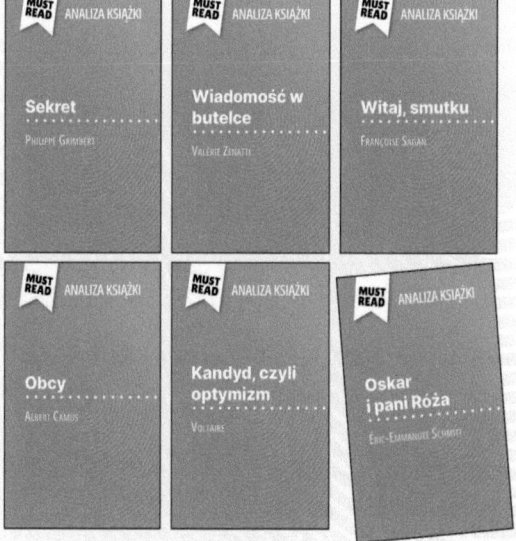

www.50minutes.com

Wydawca zapewnia o wiarygodności publikowanych informacji, co jednak nie może wiązać się z jego odpowiedzialnością.

© 50minutes.com, 2023. Wszelkie prawa zastrzeżone.

www.50minutes.com

Master ISBN: 9782808694674
Papierowy ISBN: 9782808616072
Depozyt prawny: D/2023/12603/1887

Verhaal: © Primento

Projekt cyfrowy: Primento, cyfrowy partner wydawców.